中华人民共和国体育法

中国法制出版社

中华人民共和国村宫志

目　录

中华人民共和国主席令（第一一四号）………（1）

中华人民共和国体育法 ……………………（2）

关于《中华人民共和国体育法（修订草案）》
　的说明 ………………………………（34）

中华人民共和国主席令

第一一四号

《中华人民共和国体育法》已由中华人民共和国第十三届全国人民代表大会常务委员会第三十五次会议于2022年6月24日修订通过，现予公布，自2023年1月1日起施行。

中华人民共和国主席　习近平

2022年6月24日

中华人民共和国体育法

（1995年8月29日第八届全国人民代表大会常务委员会第十五次会议通过 根据2009年8月27日第十一届全国人民代表大会常务委员会第十次会议《关于修改部分法律的决定》第一次修正 根据2016年11月7日第十二届全国人民代表大会常务委员会第二十四次会议《关于修改〈中华人民共和国对外贸易法〉等十二部法律的决定》第二次修正 2022年6月24日第十三届全国人民代表大会常务委员会第三十五次会议修订）

目 录

第一章 总　　则

第二章 全民健身

第三章 青少年和学校体育

第四章　竞技体育

第五章　反兴奋剂

第六章　体育组织

第七章　体育产业

第八章　保障条件

第九章　体育仲裁

第十章　监督管理

第十一章　法律责任

第十二章　附　　则

第一章　总　　则

第一条　为了促进体育事业，弘扬中华体育精神，培育中华体育文化，发展体育运动，增强人民体质，根据宪法，制定本法。

第二条　体育工作坚持中国共产党的领导，坚持以人民为中心，以全民健身为基础，普及与提高相结合，推动体育事业均衡、充分发展，推进体育强国和健康中国建设。

第三条　县级以上人民政府应当将体育事业纳入

国民经济和社会发展规划。

第四条 国务院体育行政部门主管全国体育工作。国务院其他有关部门在各自的职责范围内管理相关体育工作。

县级以上地方人民政府体育行政部门主管本行政区域内的体育工作。县级以上地方人民政府其他有关部门在各自的职责范围内管理相关体育工作。

第五条 国家依法保障公民平等参与体育活动的权利，对未成年人、妇女、老年人、残疾人等参加体育活动的权利给予特别保障。

第六条 国家扩大公益性和基础性公共体育服务供给，推动基本公共体育服务均等化，逐步健全全民覆盖、普惠共享、城乡一体的基本公共体育服务体系。

第七条 国家采取财政支持、帮助建设体育设施等措施，扶持革命老区、民族地区、边疆地区、经济欠发达地区体育事业的发展。

第八条 国家鼓励、支持优秀民族、民间、民俗传统体育项目的发掘、整理、保护、推广和创新，定期举办少数民族传统体育运动会。

第九条 开展和参加体育活动，应当遵循依法合规、诚实守信、尊重科学、因地制宜、勤俭节约、保障安全的原则。

第十条 国家优先发展青少年和学校体育，坚持体育和教育融合，文化学习和体育锻炼协调，体魄与人格并重，促进青少年全面发展。

第十一条 国家支持体育产业发展，完善体育产业体系，规范体育市场秩序，鼓励扩大体育市场供给，拓宽体育产业投融资渠道，促进体育消费。

第十二条 国家支持体育科学研究和技术创新，培养体育科技人才，推广应用体育科学技术成果，提高体育科学技术水平。

第十三条 国家对在体育事业发展中做出突出贡献的组织和个人，按照有关规定给予表彰和奖励。

第十四条 国家鼓励开展对外体育交往，弘扬奥林匹克精神，支持参与国际体育运动。

对外体育交往坚持独立自主、平等互利、相互尊重的原则，维护国家主权、安全、发展利益和尊严，遵守中华人民共和国缔结或者参加的国际条约。

第十五条 每年8月8日全民健身日所在周为体育宣传周。

第二章 全民健身

第十六条 国家实施全民健身战略，构建全民健身公共服务体系，鼓励和支持公民参加健身活动，促进全民健身与全民健康深度融合。

第十七条 国家倡导公民树立和践行科学健身理念，主动学习健身知识，积极参加健身活动。

第十八条 国家推行全民健身计划，制定和实施体育锻炼标准，定期开展公民体质监测和全民健身活动状况调查，开展科学健身指导工作。

国家建立全民健身工作协调机制。

县级以上人民政府应当定期组织有关部门对全民健身计划实施情况进行评估，并将评估情况向社会公开。

第十九条 国家实行社会体育指导员制度。社会体育指导员对全民健身活动进行指导。

社会体育指导员管理办法由国务院体育行政部门规定。

第二十条 地方各级人民政府和有关部门应当为

全民健身活动提供必要的条件，支持、保障全民健身活动的开展。

第二十一条　国家机关、企业事业单位和工会、共产主义青年团、妇女联合会、残疾人联合会等群团组织应当根据各自特点，组织开展日常体育锻炼和各级各类体育运动会等全民健身活动。

第二十二条　居民委员会、村民委员会以及其他社区组织应当结合实际，组织开展全民健身活动。

第二十三条　全社会应当关心和支持未成年人、妇女、老年人、残疾人参加全民健身活动。各级人民政府应当采取措施，为未成年人、妇女、老年人、残疾人安全参加全民健身活动提供便利和保障。

第三章　青少年和学校体育

第二十四条　国家实行青少年和学校体育活动促进计划，健全青少年和学校体育工作制度，培育、增强青少年体育健身意识，推动青少年和学校体育活动的开展和普及，促进青少年身心健康和体魄强健。

第二十五条　教育行政部门和学校应当将体育纳

入学生综合素质评价范围，将达到国家学生体质健康标准要求作为教育教学考核的重要内容，培养学生体育锻炼习惯，提升学生体育素养。

体育行政部门应当在传授体育知识技能、组织体育训练、举办体育赛事活动、管理体育场地设施等方面为学校提供指导和帮助，并配合教育行政部门推进学校运动队和高水平运动队建设。

第二十六条 学校必须按照国家有关规定开齐开足体育课，确保体育课时不被占用。

学校应当在体育课教学时，组织病残等特殊体质学生参加适合其特点的体育活动。

第二十七条 学校应当将在校内开展的学生课外体育活动纳入教学计划，与体育课教学内容相衔接，保障学生在校期间每天参加不少于一小时体育锻炼。

鼓励学校组建运动队、俱乐部等体育训练组织，开展多种形式的课余体育训练，有条件的可组建高水平运动队，培养竞技体育后备人才。

第二十八条 国家定期举办全国学生（青年）运动会。地方各级人民政府应当结合实际，定期组织本地区学生（青年）运动会。

学校应当每学年至少举办一次全校性的体育运动会。

鼓励公共体育场地设施免费向学校开放使用，为学校举办体育运动会提供服务保障。

鼓励学校开展多种形式的学生体育交流活动。

第二十九条 国家将体育科目纳入初中、高中学业水平考试范围，建立符合学科特点的考核机制。

病残等特殊体质学生的体育科目考核，应当充分考虑其身体状况。

第三十条 学校应当建立学生体质健康检查制度。教育、体育和卫生健康行政部门应当加强对学生体质的监测和评估。

第三十一条 学校应当按照国家有关规定，配足合格的体育教师，保障体育教师享受与其他学科教师同等待遇。

学校可以设立体育教练员岗位。

学校优先聘用符合相关条件的优秀退役运动员从事学校体育教学、训练活动。

第三十二条 学校应当按照国家有关标准配置体育场地、设施和器材，并定期进行检查、维护，适时予以更新。

学校体育场地必须保障体育活动需要，不得随意占用或者挪作他用。

第三十三条　国家建立健全学生体育活动意外伤害保险机制。

教育行政部门和学校应当做好学校体育活动安全管理和运动伤害风险防控。

第三十四条　幼儿园应当为学前儿童提供适宜的室内外活动场地和体育设施、器材，开展符合学前儿童特点的体育活动。

第三十五条　各级教育督导机构应当对学校体育实施督导，并向社会公布督导报告。

第三十六条　教育行政部门、体育行政部门和学校应当组织、引导青少年参加体育活动，预防和控制青少年近视、肥胖等不良健康状况，家庭应当予以配合。

第三十七条　体育行政部门会同有关部门引导和规范企业事业单位、社会组织和体育专业人员等为青少年提供体育培训等服务。

第三十八条　各级各类体育运动学校应当对适龄学生依法实施义务教育，并根据国务院体育行政部门制定的教学训练大纲开展业余体育训练。

教育行政部门应当将体育运动学校的文化教育纳入管理范围。

各级人民政府应当在场地、设施、资金、人员等方面对体育运动学校予以支持。

第四章 竞技体育

第三十九条 国家促进竞技体育发展，鼓励运动员提高竞技水平，在体育赛事中创造优异成绩，为国家和人民争取荣誉。

第四十条 国家促进和规范职业体育市场化、职业化发展，提高职业体育赛事能力和竞技水平。

第四十一条 国家加强体育运动学校和体育传统特色学校建设，鼓励、支持开展业余体育训练，培养优秀的竞技体育后备人才。

第四十二条 国家加强对运动员的培养和管理，对运动员进行爱国主义、集体主义和社会主义教育，以及道德、纪律和法治教育。

运动员应当积极参加训练和竞赛，团结协作，勇于奉献，顽强拼搏，不断提高竞技水平。

第四十三条 国家加强体育训练科学技术研究、开发和应用,对运动员实行科学、文明的训练,维护运动员身心健康。

第四十四条 国家依法保障运动员接受文化教育的权利。

体育行政部门、教育行政部门应当保障处于义务教育阶段的运动员完成义务教育。

第四十五条 国家依法保障运动员选择注册与交流的权利。

运动员可以参加单项体育协会的注册,并按照有关规定进行交流。

第四十六条 国家对优秀运动员在就业和升学方面给予优待。

第四十七条 各级人民政府加强对退役运动员的职业技能培训和社会保障,为退役运动员就业、创业提供指导和服务。

第四十八条 国家实行体育运动水平等级、教练员职称等级和裁判员技术等级制度。

第四十九条 代表国家和地方参加国际、国内重大体育赛事的运动员和运动队,应当按照公开、公平、择优的原则选拔和组建。

运动员选拔和运动队组建办法由国务院体育行政部门规定。

第五十条 国家对体育赛事活动实行分级分类管理，具体办法由国务院体育行政部门规定。

第五十一条 体育赛事实行公平竞争的原则。

体育赛事活动组织者和运动员、教练员、裁判员应当遵守体育道德和体育赛事规则，不得弄虚作假、营私舞弊。

严禁任何组织和个人利用体育赛事从事赌博活动。

第五十二条 在中国境内举办的体育赛事，其名称、徽记、旗帜及吉祥物等标志按照国家有关规定予以保护。

未经体育赛事活动组织者等相关权利人许可，不得以营利为目的采集或者传播体育赛事活动现场图片、音视频等信息。

第五章　反兴奋剂

第五十三条 国家提倡健康文明、公平竞争的体育运动，禁止在体育运动中使用兴奋剂。

任何组织和个人不得组织、强迫、欺骗、教唆、引诱体育运动参加者在体育运动中使用兴奋剂，不得向体育运动参加者提供或者变相提供兴奋剂。

第五十四条 国家建立健全反兴奋剂制度。

县级以上人民政府体育行政部门会同卫生健康、教育、公安、工信、商务、药品监管、交通运输、海关、农业、市场监管等部门，对兴奋剂问题实施综合治理。

第五十五条 国务院体育行政部门负责制定反兴奋剂规范。

第五十六条 国务院体育行政部门会同国务院药品监管、卫生健康、商务、海关等部门制定、公布兴奋剂目录，并动态调整。

第五十七条 国家设立反兴奋剂机构。反兴奋剂机构及其检查人员依照法定程序开展检查，有关单位和人员应当予以配合，任何单位和个人不得干涉。

反兴奋剂机构依法公开反兴奋剂信息，并接受社会监督。

第五十八条 县级以上人民政府体育行政部门组

织开展反兴奋剂宣传、教育工作，提高体育活动参与者和公众的反兴奋剂意识。

第五十九条　国家鼓励开展反兴奋剂科学技术研究，推广先进的反兴奋剂技术、设备和方法。

第六十条　国家根据缔结或者参加的有关国际条约，开展反兴奋剂国际合作，履行反兴奋剂国际义务。

第六章　体育组织

第六十一条　国家鼓励、支持体育组织依照法律法规和章程开展体育活动，推动体育事业发展。

国家鼓励体育组织积极参加国际体育交流合作，参与国际体育运动规则的制定。

第六十二条　中华全国体育总会和地方各级体育总会是团结各类体育组织和体育工作者、体育爱好者的群众性体育组织，应当在发展体育事业中发挥作用。

第六十三条　中国奥林匹克委员会是以发展体育和推动奥林匹克运动为主要任务的体育组织，代表中国参与国际奥林匹克事务。

第六十四条　体育科学社会团体是体育科学技术

工作者的学术性体育社会组织，应当在发展体育科技事业中发挥作用。

第六十五条　全国性单项体育协会是依法登记的体育社会组织，代表中国参加相应的国际单项体育组织，根据章程加入中华全国体育总会、派代表担任中国奥林匹克委员会委员。

全国性单项体育协会负责相应项目的普及与提高，制定相应项目技术规范、竞赛规则、团体标准，规范体育赛事活动。

第六十六条　单项体育协会应当依法维护会员的合法权益，积极向有关单位反映会员的意见和建议。

第六十七条　单项体育协会应当接受体育行政部门的指导和监管，健全内部治理机制，制定行业规则，加强行业自律。

第六十八条　国家鼓励发展青少年体育俱乐部、社区健身组织等各类自治性体育组织。

第七章　体育产业

第六十九条　国家制定体育产业发展规划，扩大体育产业规模，增强体育产业活力，促进体育产业高质量发展，满足人民群众多样化体育需求。

县级以上人民政府应当建立政府多部门合作的体育产业发展工作协调机制。

第七十条　国家支持和规范发展体育用品制造、体育服务等体育产业，促进体育与健康、文化、旅游、养老、科技等融合发展。

第七十一条　国家支持体育用品制造业创新发展，鼓励企业加大研发投入，采用新技术、新工艺、新材料，促进体育用品制造业转型升级。

国家培育健身休闲、竞赛表演、场馆服务、体育经纪、体育培训等服务业态，提高体育服务业水平和质量。

符合条件的体育产业，依法享受财政、税收、土地等优惠政策。

第七十二条　国家完善职业体育发展体系，拓展职业体育发展渠道，支持运动员、教练员职业化发展，提高职业体育的成熟度和规范化水平。

职业体育俱乐部应当健全内部治理机制，完善法人治理结构，充分发挥其市场主体作用。

第七十三条　国家建立健全区域体育产业协调互动机制，推动区域间体育产业资源交流共享，促进区域体育协调发展。

国家支持地方发挥资源优势，发展具有区域特色、民族特色的体育产业。

第七十四条　国家鼓励社会资本投入体育产业，建设体育设施，开发体育产品，提供体育服务。

第七十五条　国家鼓励有条件的高等学校设置体育产业相关专业，开展校企合作，加强职业教育和培训，培养体育产业专业人才，形成有效支撑体育产业发展的人才队伍。

第七十六条　国家完善体育产业统计体系，开展体育产业统计监测，定期发布体育产业数据。

第八章　保障条件

第七十七条　县级以上人民政府应当将体育事业经费列入本级预算，建立与国民经济和社会发展相适应的投入机制。

第七十八条　国家鼓励社会力量发展体育事业，

鼓励对体育事业的捐赠和赞助，保障参与主体的合法权益。

通过捐赠财产等方式支持体育事业发展的，依法享受税收优惠等政策。

第七十九条 国家有关部门应当加强对体育资金的管理，任何单位和个人不得侵占、挪用、截留、克扣、私分体育资金。

第八十条 国家支持通过政府购买服务的方式提供公共体育服务，提高公共体育服务水平。

第八十一条 县级以上地方人民政府应当按照国家有关规定，根据本行政区域经济社会发展水平、人口结构、环境条件以及体育事业发展需要，统筹兼顾，优化配置各级各类体育场地设施，优先保障全民健身体育场地设施的建设和配置。

第八十二条 县级以上地方人民政府应当将本行政区域内公共体育场地设施的建设纳入国民经济和社会发展规划、国土空间规划，未经法定程序不得变更。

公共体育场地设施的规划设计和竣工验收，应当征求本级人民政府体育行政部门意见。

公共体育场地设施的设计和建设，应当符合国家无障碍环境建设要求，有效满足老年人、残疾人等特定群体的无障碍需求。

第八十三条　新建、改建、扩建居住社区，应当按照国家有关规定，同步规划、设计、建设用于居民日常健身的配套体育场地设施。

第八十四条　公共体育场地设施管理单位应当公开向社会开放的办法，并对未成年人、老年人、残疾人等实行优惠。

免费和低收费开放的体育场地设施，按照有关规定享受补助。

第八十五条　国家推进体育公园建设，鼓励地方因地制宜发展特色体育公园，推动体育公园免费开放，满足公民体育健身需求。

第八十六条　国家鼓励充分、合理利用旧厂房、仓库、老旧商业设施等闲置资源建设用于公民日常健身的体育场地设施，鼓励和支持机关、学校、企业事业单位的体育场地设施向公众开放。

第八十七条　任何单位和个人不得侵占公共体育场地设施及其建设用地，不得擅自拆除公共体育场地设施，不得擅自改变公共体育场地设施的功能、用途或者妨碍其正常使用。

因特殊需要临时占用公共体育场地设施超过十日的，应当经本级人民政府体育行政部门同意；超过三个月的，应当报上一级人民政府体育行政部门批准。

经批准拆除公共体育场地设施或者改变其功能、用途的，应当依照国家有关法律、行政法规的规定先行择地重建。

第八十八条　县级以上地方人民政府应当建立全民健身公共场地设施的维护管理机制，明确管理和维护责任。

第八十九条　国家发展体育专业教育，鼓励有条件的高等学校培养教练员、裁判员、体育教师等各类体育专业人才，鼓励社会力量依法开展体育专业教育。

第九十条　国家鼓励建立健全运动员伤残保险、体育意外伤害保险和场所责任保险制度。

大型体育赛事活动组织者应当和参与者协商投保体育意外伤害保险。

高危险性体育赛事活动组织者应当投保体育意外伤害保险。

高危险性体育项目经营者应当投保体育意外伤害保险和场所责任保险。

第九章 体育仲裁

第九十一条 国家建立体育仲裁制度，及时、公正解决体育纠纷，保护当事人的合法权益。

体育仲裁依法独立进行，不受行政机关、社会组织和个人的干涉。

第九十二条 当事人可以根据仲裁协议、体育组织章程、体育赛事规则等，对下列纠纷申请体育仲裁：

（一）对体育社会组织、运动员管理单位、体育赛事活动组织者按照兴奋剂管理或者其他管理规定作出的取消参赛资格、取消比赛成绩、禁赛等处理决定不服发生的纠纷；

（二）因运动员注册、交流发生的纠纷；

（三）在竞技体育活动中发生的其他纠纷。

《中华人民共和国仲裁法》规定的可仲裁纠纷和《中华人民共和国劳动争议调解仲裁法》规定的劳动争议，不属于体育仲裁范围。

第九十三条　国务院体育行政部门依照本法组织设立体育仲裁委员会，制定体育仲裁规则。

体育仲裁委员会由体育行政部门代表、体育社会组织代表、运动员代表、教练员代表、裁判员代表以及体育、法律专家组成，其组成人数应当是单数。

体育仲裁委员会应当设仲裁员名册。仲裁员具体条件由体育仲裁规则规定。

第九十四条　体育仲裁委员会裁决体育纠纷实行仲裁庭制。仲裁庭组成人数应当是单数，具体组成办法由体育仲裁规则规定。

第九十五条　鼓励体育组织建立内部纠纷解决机制，公平、公正、高效地解决纠纷。

体育组织没有内部纠纷解决机制或者内部纠纷解决机制未及时处理纠纷的，当事人可以申请体育仲裁。

第九十六条　对体育社会组织、运动员管理单位、体育赛事活动组织者的处理决定或者内部纠纷解决机制处理结果不服的，当事人自收到处理决定或者纠纷处理结果之日起二十一日内申请体育仲裁。

第九十七条　体育仲裁裁决书自作出之日起发生

法律效力。

裁决作出后,当事人就同一纠纷再申请体育仲裁或者向人民法院起诉的,体育仲裁委员会或者人民法院不予受理。

第九十八条 有下列情形之一的,当事人可以自收到仲裁裁决书之日起三十日内向体育仲裁委员会所在地的中级人民法院申请撤销裁决:

(一)适用法律、法规确有错误的;

(二)裁决的事项不属于体育仲裁受理范围的;

(三)仲裁庭的组成或者仲裁的程序违反有关规定,足以影响公正裁决的;

(四)裁决所根据的证据是伪造的;

(五)对方当事人隐瞒了足以影响公正裁决的证据的;

(六)仲裁员在仲裁该案时有索贿受贿、徇私舞弊、枉法裁决行为的。

人民法院经组成合议庭审查核实裁决有前款规定情形之一的,或者认定裁决违背社会公共利益的,应当裁定撤销。

人民法院受理撤销裁决的申请后,认为可以由仲裁庭重新仲裁的，通知仲裁庭在一定期限内重新仲裁，并裁定中止撤销程序。仲裁庭拒绝重新仲裁的，人民法院应当裁定恢复撤销程序。

第九十九条　当事人应当履行体育仲裁裁决。一方当事人不履行的，另一方当事人可以依照《中华人民共和国民事诉讼法》的有关规定向人民法院申请执行。

第一百条　需要即时处理的体育赛事活动纠纷，适用体育仲裁特别程序。

特别程序由体育仲裁规则规定。

第十章　监督管理

第一百零一条　县级以上人民政府体育行政部门和有关部门应当积极履行监督检查职责，发现违反本法规定行为的，应当及时做出处理。对不属于本部门主管事项的，应当及时书面通知并移交相关部门查处。

第一百零二条　县级以上人民政府体育行政部门对体育赛事活动依法进行监管，对赛事活动场地实施现场检查、查阅、复制有关合同、票据、账簿，检查赛事活动组织方案、安全应急预案等材料。

县级以上人民政府公安、市场监管、应急管理等部门按照各自职责对体育赛事活动进行监督管理。

体育赛事活动组织者应当履行安全保障义务，提供符合要求的安全条件，制定风险防范及应急处置预案等保障措施，维护体育赛事活动的安全。

体育赛事活动因发生极端天气、自然灾害、公共卫生事件等突发事件，不具备办赛条件的，体育赛事活动组织者应当及时予以中止；未中止的，县级以上人民政府应当责令其中止。

第一百零三条　县级以上人民政府市场监管、体育行政等部门按照各自职责对体育市场进行监督管理。

第一百零四条　国家建立体育项目管理制度，新设体育项目由国务院体育行政部门认定。

体育项目目录每四年公布一次。

第一百零五条　经营高危险性体育项目，应当符合下列条件，并向县级以上地方人民政府体育行政部门提出申请：

（一）相关体育设施符合国家标准；

（二）具有达到规定数量的取得相应国家职业资格证书或者职业技能等级证书的社会体育指导人员和救助人员；

（三）具有相应的安全保障、应急救援制度和措施。

县级以上地方人民政府体育行政部门应当自收到申请之日起三十日内进行实地核查，并作出批准或者不予批准的决定。予以批准的，应当发给许可证；不予批准的，应当书面通知申请人并说明理由。

国务院体育行政部门会同有关部门制定、调整高危险性体育项目目录并予以公布。

第一百零六条 举办高危险性体育赛事活动，应当符合下列条件，并向县级以上地方人民政府体育行政部门提出申请：

（一）配备具有相应资格或者资质的专业技术人员；

（二）配置符合相关标准和要求的场地、器材和设施；

（三）制定通信、安全、交通、卫生健康、食品、应急救援等相关保障措施。

县级以上地方人民政府体育行政部门应当自收到

申请之日起三十日内进行实地核查，并作出批准或者不予批准的决定。

国务院体育行政部门会同有关部门制定、调整高危险性体育赛事活动目录并予以公布。

第一百零七条 县级以上地方人民政府应当建立体育执法机制，为体育执法提供必要保障。体育执法情况应当向社会公布，接受社会监督。

第一百零八条 县级以上地方人民政府每届任期内至少向本级人民代表大会或者其常务委员会报告一次全民健身、青少年和学校体育工作。

第十一章 法律责任

第一百零九条 国家机关及其工作人员违反本法规定，有下列行为之一的，由其所在单位、主管部门或者上级机关责令改正；对负有责任的领导人员和直接责任人员依法给予处分：

（一）对违法行为不依法查处的；

（二）侵占、挪用、截留、克扣、私分体育资金的；

（三）在组织体育赛事活动时，有违反体育道德和体育赛事规则，弄虚作假、营私舞弊等行为的；

（四）其他不依法履行职责的行为。

第一百一十条 体育组织违反本法规定的，由相关部门责令改正，给予警告，对负有责任的领导人员和直接责任人员依法给予处分；可以限期停止活动，并可责令撤换直接负责的主管人员；情节严重的，予以撤销登记。

第一百一十一条 学校违反本法有关规定的，由有关主管部门责令改正；对负有责任的领导人员和直接责任人员依法给予处分。

第一百一十二条 运动员、教练员、裁判员违反本法规定，有违反体育道德和体育赛事规则，弄虚作假、营私舞弊等行为的，由体育组织按照有关规定给予处理；情节严重、社会影响恶劣的，由县级以上人民政府体育行政部门纳入限制、禁止参加竞技体育活动名单；有违法所得的，没收违法所得，并处一万元以上十万元以下的罚款。

利用体育赛事从事赌博活动的，由公安机关依法查处。

第一百一十三条 体育赛事活动组织者有下列行

为之一的，由县级以上地方人民政府体育行政部门责令改正，处五万元以上五十万元以下的罚款；有违法所得的，没收违法所得；情节严重的，给予一年以上三年以下禁止组织体育赛事活动的处罚：

（一）未经许可举办高危险性体育赛事活动的；

（二）体育赛事活动因突发事件不具备办赛条件时，未及时中止的；

（三）安全条件不符合要求的；

（四）有违反体育道德和体育赛事规则，弄虚作假、营私舞弊等行为的；

（五）未按要求采取风险防范及应急处置预案等保障措施的。

第一百一十四条 违反本法规定，侵占、破坏公共体育场地设施的，由县级以上地方人民政府体育行政部门会同有关部门予以制止，责令改正，并可处实际损失五倍以下的罚款。

第一百一十五条 违反本法规定，未经批准临时占用公共体育场地设施的，由县级以上地方人民政府体育行政部门会同有关部门责令限期改正；逾期未改正的，对公共体育场地设施管理单位处十万元以上五十万元以下的罚款；有违法所得的，没收违法所得。

第一百一十六条 未经许可经营高危险性体育项目的，由县级以上地方人民政府体育行政部门会同有关部门责令限期关闭；逾期未关闭的，处十万元以上五十万元以下的罚款；有违法所得的，没收违法所得。

违法经营高危险性体育项目的，由县级以上地方人民政府体育行政部门责令改正；逾期未改正的，处五万元以上五十万元以下的罚款；有违法所得的，没收违法所得；造成严重后果的，由主管部门责令关闭，吊销许可证照，五年内不得再从事该项目经营活动。

第一百一十七条 运动员违规使用兴奋剂的，由有关体育社会组织、运动员管理单位、体育赛事活动组织者作出取消参赛资格、取消比赛成绩或者禁赛等处理。

第一百一十八条 组织、强迫、欺骗、教唆、引诱运动员在体育运动中使用兴奋剂的，由国务院体育行政部门或者省、自治区、直辖市人民政府体育行政部门没收非法持有的兴奋剂；直接负责的主管人员和其他直接责任人员四年内不得从事体育管理工作和运动员辅助工作；情节严重的，终身不得从事体育管理工作和运动员辅助工作。

向运动员提供或者变相提供兴奋剂的，由国务院体育行政部门或者省、自治区、直辖市人民政府体育行政部门没收非法持有的兴奋剂，并处五万元以上五十万元以下的罚款；有违法所得的，没收违法所得；并给予禁止一定年限直至终身从事体育管理工作和运动员辅助工作的处罚。

第一百一十九条 违反本法规定，造成财产损失或者其他损害的，依法承担民事责任；构成违反治安管理行为的，由公安机关依法给予治安管理处罚；构成犯罪的，依法追究刑事责任。

第十二章 附 则

第一百二十条 任何国家、地区或者组织在国际体育运动中损害中华人民共和国主权、安全、发展利益和尊严的，中华人民共和国可以根据实际情况采取相应措施。

第一百二十一条　中国人民解放军和中国人民武装警察部队开展体育活动的具体办法,由中央军事委员会依照本法制定。

第一百二十二条　本法自2023年1月1日起施行。

关于《中华人民共和国体育法（修订草案）》的说明

——2021年10月19日在第十三届全国人民代表大会常务委员会第三十一次会议上

全国人大社会建设委员会主任委员　何毅亭

全国人民代表大会常务委员会：

我受全国人大社会建设委员会委托，作关于《中华人民共和国体育法（修订草案）》的说明。

一、体育法修改的必要性和立法过程

党和国家历来高度重视体育工作。特别是党的十八大以来，以习近平同志为核心的党中央围绕加快推进体育强国建设提出了一系列新理念新思想新战略，为做好新时代体育工作提供了根本遵循，也为加强体育法治建设指明了方向。当前，与人民日益增长的美好生活需要相比，体育发展不平衡不充分的问题依然突出，人民群众多元化、多层次的体育需求尚未得到较好满足，迫切需要通过立法推动体育领域深化改革，破除束缚体育发展的障碍。同时还要看到，体育法已经颁布二十多年，严重滞后于经济社会快速发展。体育事业改革实践需要法律的推动与保障，各类体育主体的权利义务关系有待法律进一步明确，体育法与其他法律冲突的问题亟待解决，筹办北京2022年冬奥会等国际赛事相关法律问题急需法律支撑，大量涌现的群众性商业性赛事活动需要法律监管作出回应。因此，修改体育法不仅十分必要而且十分紧迫。

2018年，十三届全国人大常委会立法规划明确由全国人大社会建设委员会牵头修改体育法。社会委在前期调研等工作基础上，于2020年11月正式启动体育法修改工作，2021年3月牵头成立了体育法修改工作领导小组，成员单位包括全国人大常委会法制工作委员会、最高人民法院、国家发改委、教育部、民政部、司法部、自然资源部、住房和城乡建设部、文化和旅游部、国家卫生健康委员会、国家市场监督管理总局、国家体育总局、全国总工会、中国残联等。社会委多次与各成员单位沟通协商、交换意见，采取实地调研、委托调研、视频座谈等形式深入研究法律修改的重点难点问题,并书面征求了国务院办公厅、最高人民法院、最高人民检察院和31个省、自治区、直辖市人大的意见,广泛听取了各级人大代表、地方有关部门、司法机关、群团组织以及社会各界(各级体育总会、各类体育协会等体育社会组织、企业、学校,以及运动员教练员裁判员等体育工作者和专家学者等)的意见建议。在反复研究论证的基础上,形成了《中华人民共和国体育法(修订草案)》(以下简称修订草案)。

二、体育法修改的指导思想和总体思路

体育法修改的指导思想是:以习近平新时代中国特色社会主义思想为指导,深入学习贯彻习近平法治思想和习近平总书记关于体育工作的重要论述,全面贯彻落实党的十九大和十九届二中、三中、四中、五中全会精神,坚持以人民为中心,坚持从国情实际出发,推动体育领域深化改革,维护体育发展良好秩序,更好保障人民体育权益,为推进体育治理体系和治理能力现代化、加快体育强国和健康中国建设提供有力法治保障。

体育法修改过程中注重把握以下几点：

一是落实体育强国和健康中国国家战略。体育法修改坚决贯彻落实党中央决策部署，紧扣实现全面依法治国和体育强国、健康中国建设目标，着力推进"全民健身与全民健康深度融合"，推动完善国家体育健康评价体系和标准制度，健全体育事业共建、体育资源社会共享机制。积极回应人民群众新要求新期待，突出依法保护公民参加体育活动的权利，明确促进全民健身的保障手段，提高全民族的体质健康水平，确保体育事业发展中的人民主体地位。

二是聚焦解决体育事业发展突出问题。当前，体育事业改革发展面临诸多问题，主要有：全民健身、学校体育、竞技体育发展不协调，全民健身公共服务体系不健全，体育促进全民健康的作用发挥不充分，青少年体质下降趋势明显，体育组织发展不规范，竞技体育后备人才培养体制不顺畅，体育产业发展不平衡，体育纠纷解决机制特别是体育仲裁缺失，监督管理不到位，体育执法与市场发展不相适应等。修改工作坚持问题导向，对这些问题均作出积极回应，着力制定和完善相关制度措施，推动体育法治化走向更高水平。

三是确保修法与体育事业改革协同推进。近年来，中央办公厅、国务院办公厅印发了《关于全面加强和改进新时代学校体育工作的意见》《关于促进全民健身和体育消费推动体育产业高质量发展的意见》《体育强国建设纲要》等一系列政策文件；全国人大常委会第二十四次会议通过《刑法修正案（十一）》，增设与兴奋剂有关的罪名；各地也出台了许多配套的地方性法规，推动了体育法治建设的发展，积累了许多成功经验。修订草案在认真研究论证的基础上，将适应体育事业改革发展需要、实践证明行之有效的措施做法写入了法律。

四是做好体育相关领域衔接协调。一方面，修法坚持系统观念，既处理好体育内部各种形态之间的关系，又注重促进体育与教育、健康、养老、文化、旅游等其他领域协同发展。在强调体育法作为体育领域基本法定位的同时，做好与民法典、公共文化服务保障法、仲裁法以及全民健身条例、学校体育工作条例、反兴奋剂条例等法律法规的协调衔接。另一方面，修法坚持立足国情，做好与国际规则的对接。既汲取国外经验，尊重并加强对国际体育组织规则的理解与掌握，更落脚中国体育发展的实际，在制度设计上体现中国特色。

三、体育法修改的主要内容

体育法是在1995年颁布实施的，2009年、2016年分别进行了个别条文的修改。总体来看，该法确立的原则和制度仍然是适用的。因此，修订草案在保留现行法基本框架的前提下，根据中央精神和现实需要补充新的内容，对章目编排及条文顺序进行了调整，对已不符合新情况的规定作出修改。修订草案目前有11章，分别为总则、全民健身、学校体育、竞技体育、反兴奋剂、体育组织、保障条件、体育仲裁、监督管理、法律责任和附则，条文增加到109条。修改的主要内容是：

（一）充实总则规定

为实现体育与国家战略的对接，增加"推动体育强国和健康中国建设"的立法目的，明确"以全民健身为基础"的体育工作方针；根据新时代我国社会主要矛盾的变化，强调促进体育事业均衡、充分发展，增加"国家扶持革命老区、民族地区、边疆地区、经济欠发达地区体育事业的发展"的规定；突出权利导向，明确规定平等参与权利，并在其后章节予以具体保障；将原第二章中有关保护传统体育的条文上升至总则，凸显对传统体育保护的重视；增设"体育活动原则"条款，规定了体育活动需要遵守的普遍规则；增设"体育产业"条款，明确体育产业的内容与发展方向。

（二）强化全民健身国家战略

全民健身作为国家战略，对提升国民体质，促进全民健康战略实现具有不可替代的作用。为突出全民健身的重要基础性保障作用，章名由"社会体育"修改为"全民健身"，并增加"全民健身国家战略"条款；明确各级政府、各类组织、机关企事业单位的职责，增加建立工作协调机制、开展全民健身活动状况调查等具体措施；规定促进全民健身的保障手段，并对老年人、残疾人等重点人群给予特殊保障；与时俱进地对文字进行修改调整，使得条文更加贴近现实。

（三）落实体教融合新要求

学校是传授体育知识，培养学生体育习惯的重要阵地。针对青少年体质下降问题，树立健康第一的教育理念，在学校体育中明确教育部门、体育部门、学校等各自的职责，推动学生文化学习和体育锻炼协调发展。新增"保证体育课时不被占用"和"在校不少于一小时体育锻炼"等条款，以确保学生有充足的体育锻炼时间；新增"鼓励学校组建高水平运动队""体育运动学校"等条款，将学校体育与竞技体育后备人才培养结合起来；修改"体育考试"条款，积极提升体育在学校教育中的地位，最终实现增强学生体质的目的；新增"学校体育运动安全管理和风险防控""学校体育督导"等条款，保障学校体育活动开展的顺利安全；此外，还新增拓展优秀运动员就业渠道条款和幼儿体育条款，扩展"学校体育"规范的内容。

（四）促进竞技体育发展

竞技体育的可持续发展是体育的核心内容之一。修订草案新增运动员权利保障条款，加强运动员权利保护；调整运动员注册管理和体育赛事活动管理条款，进一步推动竞技体育管理体制改革，促进竞技体育更好发展；新增职业体育条款，促进职业体育竞技水平的提高。

(五)坚决反对使用兴奋剂

新增反兴奋剂章节,体现了我国反兴奋剂的决心。主要内容是将反兴奋剂条例进行提炼,总结上升为法律条文的内容,对反兴奋剂工作进行规范,包括禁止使用兴奋剂的原则;不得向体育运动参加者提供或变相提供兴奋剂;国家建立反兴奋剂管理机制、体育行政部门和相关部门的职责以及反兴奋剂国际合作等。

(六)发挥体育组织作用

"体育社会团体"章名更改为"体育组织",顺应了国家有关要求和时代发展趋势,"体育社会团体"是"体育组织"的重要组成部分,"体育组织"的内涵和外延更广、更大。进一步弱化行政色彩,明确了全国性单项体育协会的职责范围,以及与行业管理部门、中华全国体育总会、中国奥委会的关系,更符合依法治国以及国家治理体系和治理能力现代化的要求;新增维权和自律条款,保障体育组织权利,促进单项体育协会的健康发展。

(七)监管和促进并重

体育事业发展既要科学监管也要加大保护。修订草案用保障条件、体育仲裁、监督管理三个章节分别予以体现。保障条件中进一步明确政府及有关部门的职责，完善了社会力量办体育的多种优惠措施；在体育场地设施规划、建设、开放等方面，细化了有关条款，增强可操作性和刚性，以将全民健身落到实处。新增"体育仲裁"章节，改变长期以来体育仲裁规定一直未能落地的现状，建立适合中国国情的体育仲裁制度。新增"监督管理"章节，进一步压实体育行政部门和有关部门进行日常监督检查的职责；加强对高危险性体育项目和赛事活动的监管，进一步明确体育行政部门对赛事监管的方式方法，并规定了突发公共安全事件时的熔断机制。

此外，修订草案还细化了法律责任，让修订后的体育法更加具有强制性和执行性。

《中华人民共和国体育法（修订草案）》和以上说明是否妥当，请审议。

中华人民共和国体育法
ZHONGHUA RENMIN GONGHEGUO TIYUFA

经销/新华书店
印刷/保定市中画美凯印刷有限公司
开本/850 毫米×1168 毫米　32 开　　　　印张/1.5　字数/17 千
版次/2022 年 6 月第 1 版　　　　　　　　2022 年 6 月第 1 次印刷

中国法制出版社出版
书号 ISBN 978-7-5216-2701-5　　　　　　　　　　定价：8.00 元

北京市西城区西便门西里甲 16 号西便门办公区
邮政编码：100053　　　　　　　　　　传真：010-63141600
网址：http：//www.zgfzs.com　　　　编辑部电话：010-63141673
市场营销部电话：010-63141612　　　印务部电话：010-63141606

（如有印装质量问题，请与本社印务部联系。）